1학년
1-2

하루 10분! 글씨 쓰기 연습으로
예쁘고 자신감 있는 글씨체를 만듭니다.

한자한자 예쁘게
또박또박 바르게

바른 글씨
바른 마음씨

JN357845

도서출판

초판 1쇄 인쇄 | 2020년 5월 20일
초판 2쇄 발행 | 2020년 7월 10일

펴낸이 | 도서출판 풀잎
디자인 | 부성
펴낸곳 | 도서출판 풀잎
등 록 | 제2-4858호
주 소 | 서울시 중구 필동로 8길 61-16
전 화 | 02-2274-5445/6
팩 스 | 02-2268-3773

ISBN 979-11-85186-84-9 63710

※ 이 책의 저작권은 〈도서출판 풀잎〉에 있습니다. 저작권법에 의해 보호를 받는 저작물이므로
   무단 전제와 복제를 금합니다.
※ 이 책은 www.shutterstock.com의 라이선스에 따라 적용 가능한 이미지를 사용하였습니다.
※ 잘못된 책은 〈도서출판 풀잎〉에서 바꾸어 드립니다.

하루 10분! 글씨 쓰기 연습으로
예쁘고 자신감 있는 글씨체를 만듭니다.

한자한자 예쁘게
또박또박 바르게
바른 글씨
바른 마음씨

1학년
1-2

아무리 못난 손글씨도 바르고 꾸준한 연습으로 예쁜 글씨로 바꿀 수 있습니다.

많은 사람이 예쁘고 가지런한 글씨를 쓰고 싶어 합니다. 예쁜 글씨 모양을 보면 그 글을 쓴 사람의 마음씨와 모습이 궁금해지고, 왠지 모든 면에서 뛰어난 능력이 있는 사람이 아닐까 하는 좋은 기대를 합니다.

예쁜 글씨 모양은 다른 사람에게 좋은 인상을 주는 것 이상으로 중요합니다. 특별히, 일기, 손편지, 숙제, 시험지 답안 등 손으로 글씨를 써야 하는 학생에게 예쁘고 바른 글씨 모양은 내 생각과 마음을 정확하게 전달하는 중요한 역할을 합니다.

그러면 어떤 글씨 모양이 예쁘고 보기 좋은 글씨일까요?
삐뚤삐뚤하고, 크기가 일정하지 않은 글씨, 오르락내리락하는 등 나 아닌 다른 사람이 읽기 힘든 글씨 모양은 좋은 글씨라고 할 수 없습니다.

가지런하고, 또박또박 읽기 쉬운 글씨 모양이 예쁘고 보기좋은 글씨입니다.
"바른 글씨, 바른 마음씨"는 가지런하고 반듯한 글씨 쓰기 연습을 할 수 있도록 도움을 줍니다.

예쁘고 가지런한 글씨 모양으로 자신 있고, 정확하게 내 생각을 다른 사람들에게 전할 수 있게 되기를 바랍니다.

바른 글씨 바른 마음씨
이 책의 특징과 글쓰기의 유익

- 익숙하고 친근한 초등학교 1학년 국어 교과서 내용으로 글씨 쓰기 연습을 합니다.
- 글씨 쓰기를 하면서 교과서에 나오는 어휘와 문장을 예습 또는 복습 할 수 있습니다.
- 글씨 쓰기 칸의 옅은 글씨를 따라 쓰면서 자음과 모음의 구조를 잘 이해하게 됩니다.
- 글씨 쓰기는 두뇌발달과 집중력 향상에 도움이 됩니다.
- 정성 들여 쓰는 글씨는 차분하고 안정된 마음을 갖게 합니다.

연필을 바르게 잡는 방법

연필 잡는 방법이 바르지 못하면 손도 아프고 글씨를 예쁘게 쓰기도 힘들어 집니다.
꼭 아래와 똑같은 방법으로 잡지 않아도 되지만 바른 방법을 알려드립니다.

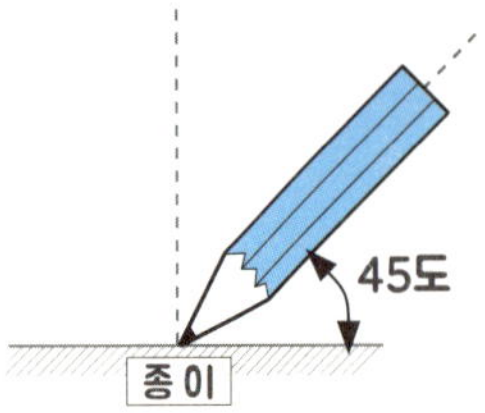

연필을 너무 눕히거나 세우지 마세요.
45도가 좋습니다.

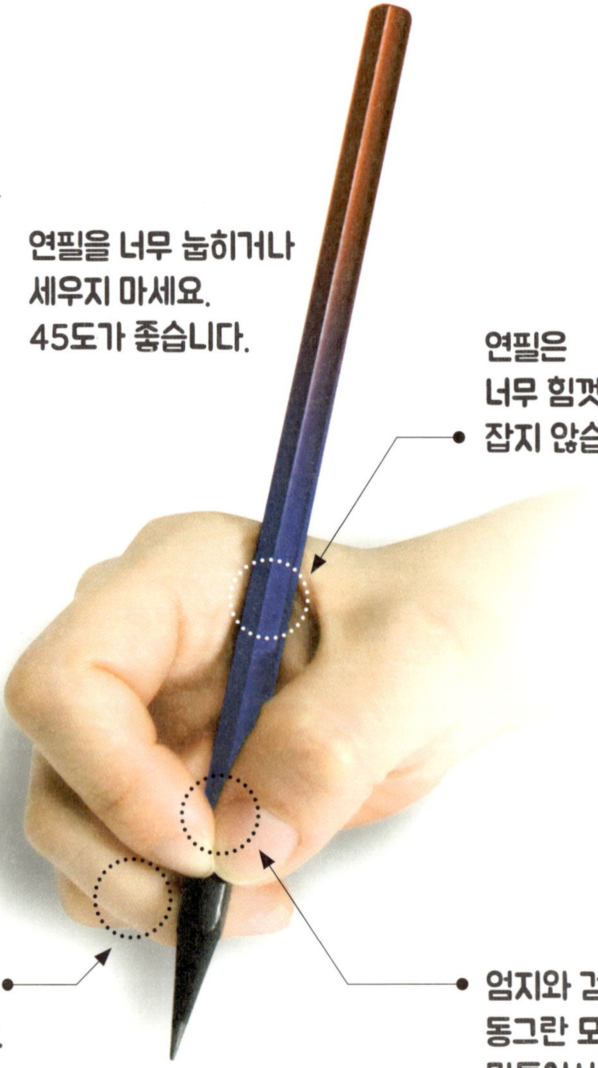

연필은 너무 힘껏 잡지 않습니다

가운데 손가락은 연필을 받쳐줍니다.

엄지와 검지 손가락을 동그란 모양으로 만들어서 연필을 잡아 줍니다.

바른 글씨 바른 마음씨

자음과 모음 따라 쓰기

자음과 모음을 따라 쓰면서
한글 쓰는 순서를 알아봅니다.

빨리빨리 쓰는 것보다는
천천히 또박또박 따라 써 주세요.

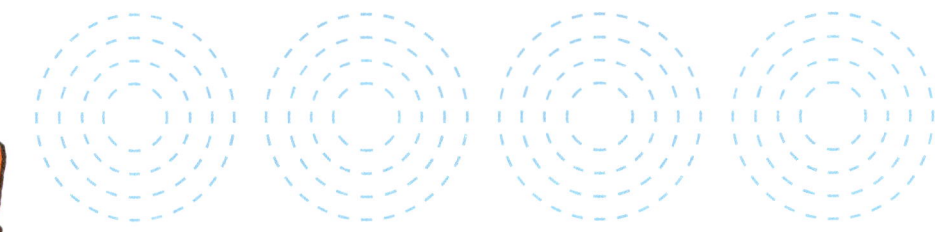

점선을 따라 예쁘게 선을 그어 주세요. 점선은 자음과 모음을 쓸 때 쓰이는 선입니다.

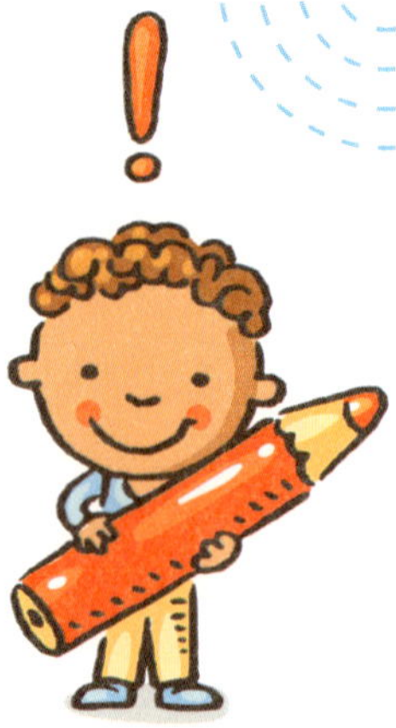

아래 자음과 모음을 소리 내어 읽으면서 쓰는 순서에 맞춰 써 주세요.

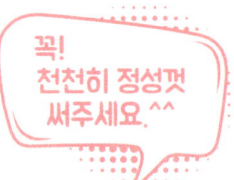
꼭! 천천히 정성껏 써주세요. ^^

기역

니은

디귿

리을

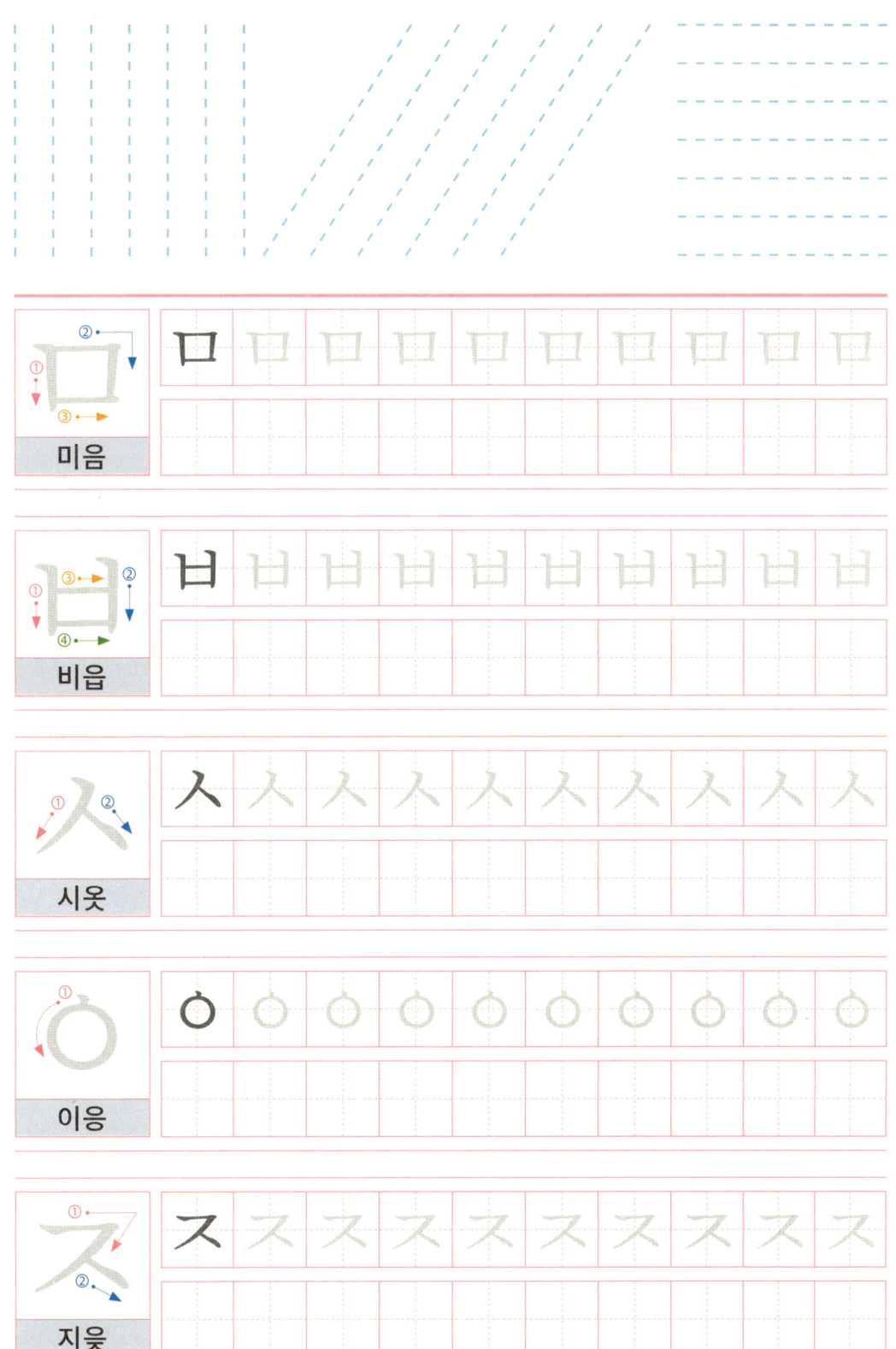

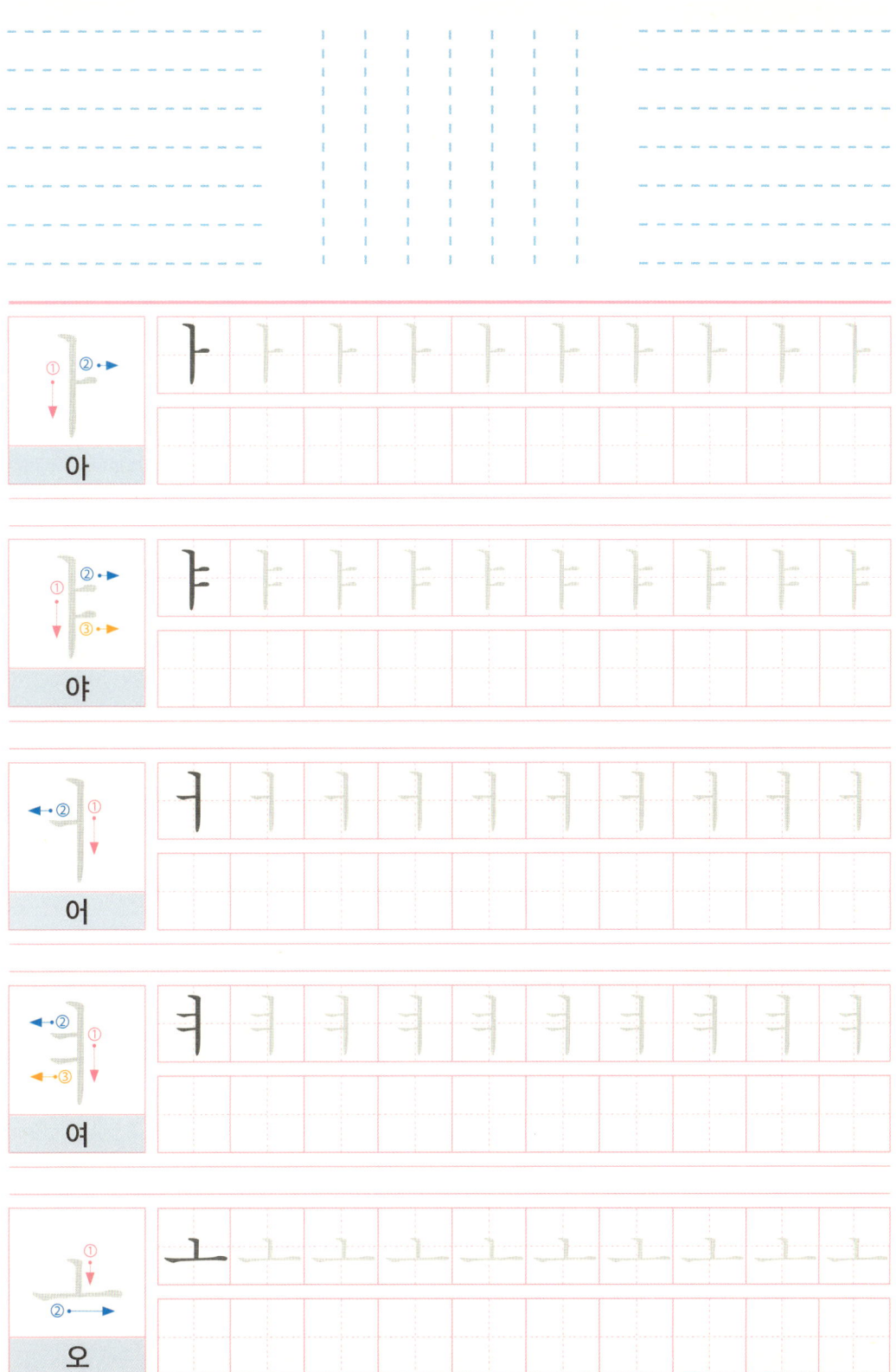

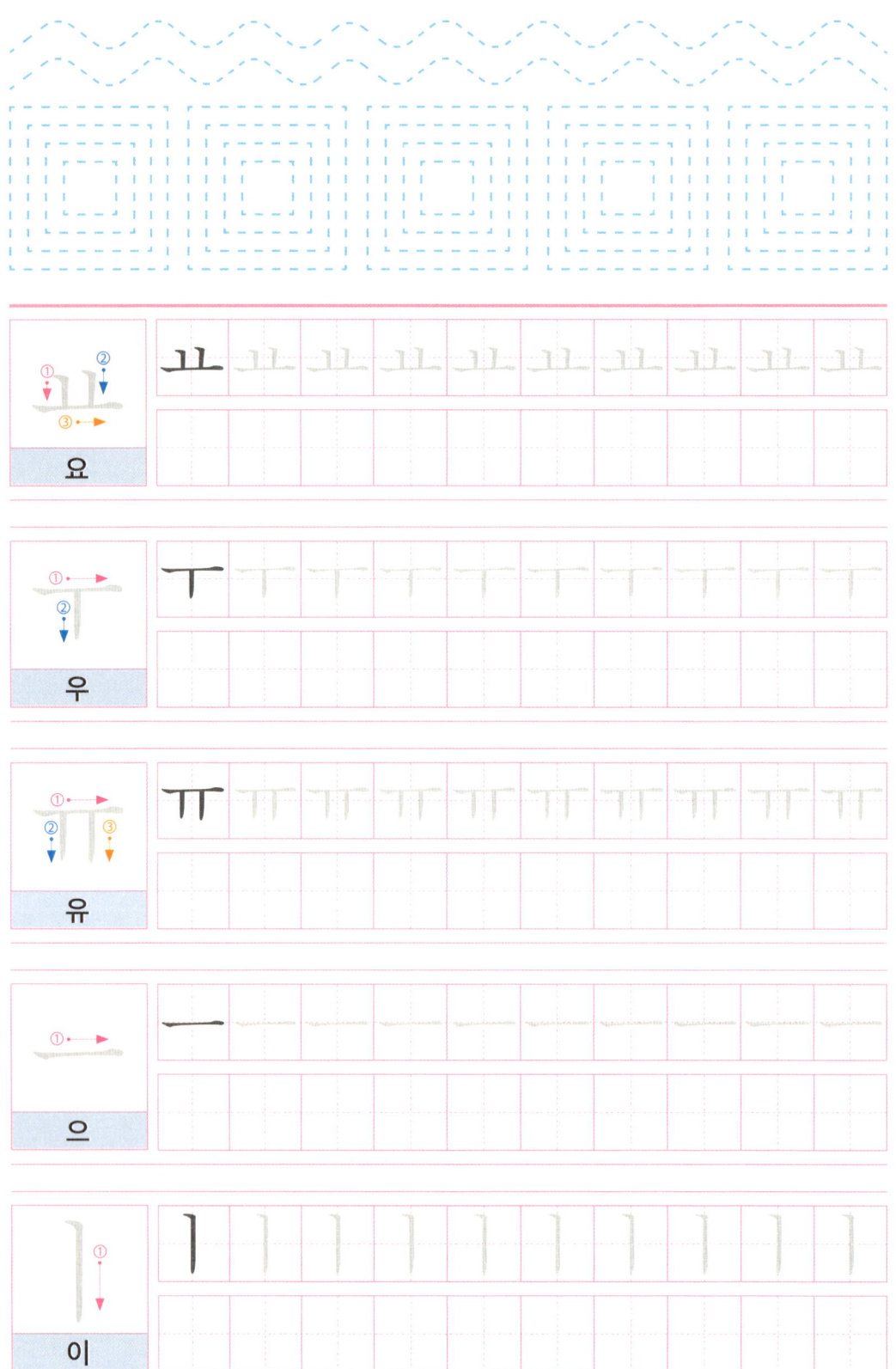

자음과 모음 쓰는 순서를 잘 생각하면서 천천히 써 보세요.

	ㅏ	ㅑ	ㅓ	ㅕ	ㅗ	ㅛ	ㅜ	ㅠ	ㅡ	ㅣ
ㄱ	가	갸	거	겨	고	교	구	규	그	기
ㄴ	나	냐	너	녀	노	뇨	누	뉴	느	니
ㄷ	다	댜	더	뎌	도	됴	두	듀	드	디
ㄹ	라	랴	러	려	로	료	루	류	르	리
ㅁ	마	먀	머	며	모	묘	무	뮤	므	미
ㅂ	바	뱌	버	벼	보	뵤	부	뷰	브	비
ㅅ	사	샤	서	셔	소	쇼	수	슈	스	시
ㅇ	아	야	어	여	오	요	우	유	으	이
ㅈ	자	쟈	저	져	조	죠	주	쥬	즈	지
ㅊ	차	챠	처	쳐	초	쵸	추	츄	츠	치
ㅋ	카	캬	커	켜	코	쿄	쿠	큐	크	키
ㅌ	타	탸	터	텨	토	툐	투	튜	트	티
ㅍ	파	퍄	퍼	펴	포	표	푸	퓨	프	피
ㅎ	하	햐	허	혀	호	효	후	휴	흐	히

자음과 모음 쓰는 순서를 잘 생각하면서 천천히 써 보세요.

	ㅏ	ㅑ	ㅓ	ㅕ	ㅗ	ㅛ	ㅜ	ㅠ	ㅡ	ㅣ
ㄱ										
ㄴ										
ㄷ										
ㄹ										
ㅁ										
ㅂ										
ㅅ										
ㅇ										
ㅈ										
ㅊ										
ㅋ										
ㅌ										
ㅍ										
ㅎ										

자음과 모음 쓰는 순서를 잘 생각하면서 천천히 써 보세요.

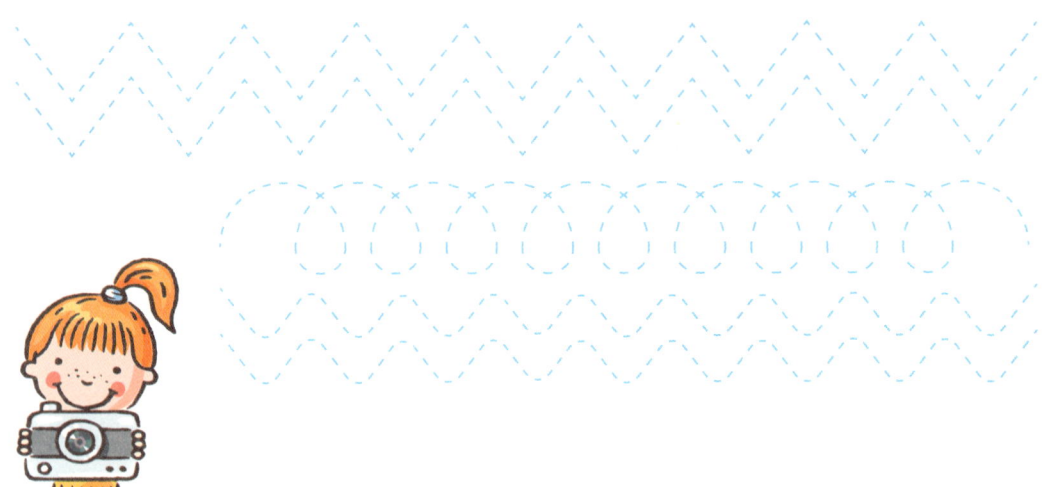

한글 쓰는 순서를 알아봅시다.

잘 ⇨	ㅈ ➡	자 ➡	잘		
	자음(왼쪽)	모음(오른쪽)	받침		

감 ⇨	ㄱ ➡	가 ➡	감		
	자음(왼쪽)	모음(오른쪽)	받침		

따 ⇨	ㄷ ➡	ㄸ ➡	따		
	자음(왼쪽)	자음(오른쪽)	모음(오른쪽)		

맑 ⇨	ㅁ ➡	마 ➡	말 ➡	맑	
	자음(왼쪽)	모음(오른쪽)	자음 받침(왼쪽)	자음 받침(오른쪽)	

해 ⇨	ㅎ ➡	하 ➡	해		
	자음(왼쪽)	모음(오른쪽)	모음(오른쪽)		

바른 글씨 바른 마음씨

단어와 문장 따라 쓰기

교과서에 나오는
단어와 문장을 따라 써 봅니다.

- - - - - - - - - - - - - - - - -

소리 내어 글을 읽고
천천히 또박또박 따라 써 주세요.

소리 내어 낱말을 읽고 천천히 써 봅시다.

| 제목 | 제목 | 제목 | 제목 | 제목 | 제목 |

| 가위바위보 | 가위바위보 |

| 주인공 | 주인공 | 주인공 | 주인공 |

| 받침 | 받침 | 받침 | 받침 | 받침 | 받침 |

| 발가락 | 발가락 | 발가락 | 발가락 |

꼼질꼼질 꼼질꼼질 꼼질꼼질

서로서로 서로서로 서로서로

장면 장면 장면 장면 장면 장면

바다 바다 바다 바다 바다 바다

천자문 천자문 천자문 천자문

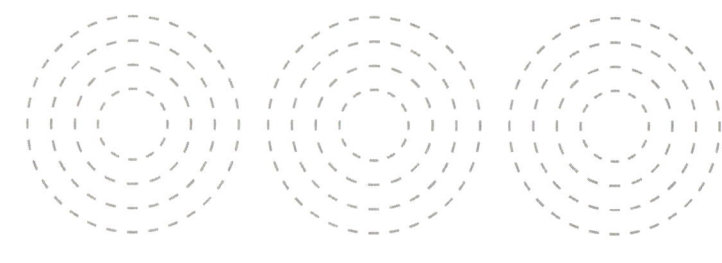

소리 내어 낱말을 읽고 천천히 써 봅시다.

돌잡이 돌잡이 돌잡이 돌잡이

조상 조상 조상 조상 조상 조상

달리기 달리기 달리기 달리기

풀밭 풀밭 풀밭 풀밭 풀밭 풀밭

재료 재료 재료 재료 재료 재료

도착 도착 도착 도착 도착 도착

만화책 만화책 만화책 만화책

두꺼운 두꺼운 두꺼운 두꺼운

얇은 얇은 얇은 얇은 얇은 얇은

공룡 공룡 공룡 공룡 공룡 공룡

소리 내어 문장을 읽고 천천히 다음 문장을 써 봅시다.

자신이 좋아하는 책

주인공 이름을 말한다.

무엇이 떠오르나요?

어떤 물건을 고를까?

낚시를 하러 갑니다.

물고기는 맛있어요.

소리 내어 낱말을 읽고 천천히 써 봅시다.

| 괴 물 | 괴 물 | 괴 물 | 괴 물 | 괴 물 | 괴 물 |

| 해 적 | 해 적 | 해 적 | 해 적 | 해 적 | 해 적 |

| 병 풍 | 병 풍 | 병 풍 | 병 풍 | 병 풍 | 병 풍 |

| 그 림 자 | 그 림 자 | 그 림 자 | 그 림 자 |

| 대 출 | 대 출 | 대 출 | 대 출 | 대 출 | 대 출 |

반납 반납 반납 반납 반납 반납

어린이 어린이 어린이 어린이

동시집 동시집 동시집 동시집

팥죽 팥죽 팥죽 팥죽 팥죽 팥죽

우주과학 우주과학 우주과학

소리 내어 낱말을 읽고 천천히 써 봅시다.

빗방울 빗방울 빗방울 빗방울

울음소리 울음소리 울음소리

흉내 흉내 흉내 흉내 흉내

꼬꼬꼭 꼬꼬꼭 꼬꼬꼭 꼬꼬꼭

멍멍 멍멍 멍멍 멍멍 멍멍 멍멍

반짝반짝 반짝반짝 반짝반짝

다닥다닥 다닥다닥 다닥다닥

주렁주렁 주렁주렁 주렁주렁

주룩주룩 주룩주룩 주룩주룩

쨍쨍 쨍쨍 쨍쨍쨍쨍쨍쨍쨍쨍

소리 내어 문장을 읽고 천천히 다음 문장을 써 봅시다.

먼저 도착하는 사람

그림이 솟아 올라요.

물에 묻어도 젖지 않아

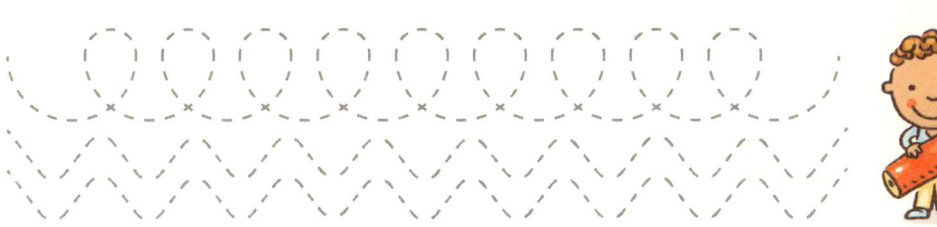

가슴이 두근거려요.

모양을 흉내 내는 말

작은 싹을 틔웠습니다.

소리 내어 낱말을 읽고 천천히 써 봅시다.

쏙 쏙 쏙 쏙 쏙 쏙 쏙 쏙 쏙 쏙 쏙 쏙

활짝 활짝 활짝 활짝 활짝 활짝

해바라기 해바라기 해바라기

햇볕 햇볕 햇볕 햇볕 햇볕 햇볕

살랑살랑 살랑살랑 살랑살랑

자전거 자전거 자전거 자전거

눈물 눈물 눈물 눈물 눈물 눈물

웃음 웃음 웃음 웃음 웃음 웃음

벌렁벌렁 벌렁벌렁 벌렁벌렁

씽씽 씽씽 씽씽 씽씽 씽씽 씽씽

소리 내어 낱말을 읽고 천천히 써 봅시다.

헉헉헉 헉헉헉 헉헉헉 헉헉헉

소리 소리 소리 소리 소리 소리

가족 가족 가족 가족 가족 가족

단풍 단풍 단풍 단풍 단풍 단풍

울긋불긋 울긋불긋 울긋불긋

소리 내어 문장을 읽고 천천히 다음 문장을 써 봅시다.

햇볕이 내리 쬐었습니다

고양이가 웁니다.

구름이 떠 있습니다.

이리저리 뛰어 다녔다.

역할을 바꾸어 해 본다

모래성을 많이 쌓았다.

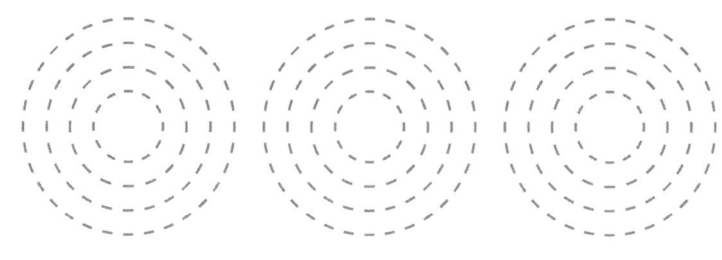

소리 내어 낱말을 읽고 천천히 써 봅시다.

표현 표현 표현 표현 표현 표현

역할 역할 역할 역할 역할 역할

놀이터 놀이터 놀이터 놀이터

모래성 모래성 모래성 모래성

맑음 맑음 맑음 맑음 맑음 맑음

여덟 여덟 여덟 여덟 여덟 여덟

끝말잇기 끝말잇기 끝말잇기

불조심 불조심 불조심 불조심

차도 차도 차도 차도 차도

도화지 도화지 도화지 도화지

소리 내어 낱말을 읽고 천천히 써 봅시다.

| 풍선 | 풍선 | 풍선 | 풍선 | 풍선 | 풍선 |

| 지팡이 | 지팡이 | 지팡이 | 지팡이 |

| 엉금엉금 | 엉금엉금 | 엉금엉금 |

| 일기장 | 일기장 | 일기장 | 일기장 |

| 방글방글 | 방글방글 | 방글방글 |

송아지 송아지 송아지 송아지

기둥 기둥 기둥 기둥 기둥 기둥

주변 주변 주변 주변 주변 주변

응원 응원 응원 응원 응원 응원

준비물 준비물 준비물 준비물

소리 내어 문장을 읽고 천천히 다음 문장을 써 봅시다.

강아지가 가엾다.

주변에서 들리는 소리

말이 잘 안 나와요.

사이좋게 지내면 좋겠다

맑은 가을 하늘에 나비

날개는 얇은 그물처럼

소리 내어 낱말을 읽고 천천히 써 봅시다.

| 만 | 세 | 만 | 세 | 만 | 세 | 만 | 세 | 만 | 세 | 만 | 세 |

| 줄 | 넘 | 기 | 줄 | 넘 | 기 | 줄 | 넘 | 기 | 줄 | 넘 | 기 |

| 마 | 술 | 사 | 마 | 술 | 사 | 마 | 술 | 사 | 마 | 술 | 사 |

| 궁 | 금 | 궁 | 금 | 궁 | 금 | 궁 | 금 | 궁 | 금 | 궁 | 금 |

| 공 | 연 | 공 | 연 | 공 | 연 | 공 | 연 | 공 | 연 | 공 | 연 |

| 어 | 리 | 둥 | 절 | 어 | 리 | 둥 | 절 | 어 | 리 | 둥 | 절 |

| 생 | 각 | 생 | 각 | 생 | 각 | 생 | 각 | 생 | 각 | 생 | 각 |

| 소 | 풍 | 소 | 풍 | 소 | 풍 | 소 | 풍 | 소 | 풍 | 소 | 풍 |

| 나 | 뭇 | 잎 | 나 | 뭇 | 잎 | 나 | 뭇 | 잎 | 나 | 뭇 | 잎 |

| 신 | 데 | 렐 | 라 | 신 | 데 | 렐 | 라 | 신 | 데 | 렐 | 라 |

소리 내어 낱말을 읽고 천천히 써 봅시다.

| 뚫다 | 뚫다 | 뚫다 | 뚫다 | 뚫다 | 뚫다 |

| 젊다 | 젊다 | 젊다 | 젊다 | 젊다 | 젊다 |

| 핥다 | 핥다 | 핥다 | 핥다 | 핥다 | 핥다 |

| 끓다 | 끓다 | 끓다 | 끓다 | 끓다 | 끓다 |

| 넓다 | 넓다 | 넓다 | 넓다 | 넓다 | 넓다 |

| 밝다 | 밝다 | 밝다 | 밝다 | 밝다 | 밝다 |

| 읽다 | 읽다 | 읽다 | 읽다 | 읽다 | 읽다 |

| 삶다 | 삶다 | 삶다 | 삶다 | 삶다 | 삶다 |

| 옮기다 | 옮기다 | 옮기다 | 옮기다 |

| 왕자님 | 왕자님 | 왕자님 | 왕자님 |

소리 내어 문장을 읽고 천천히 다음 문장을 써 봅시다.

넓고 푸른 초원에서

하지만 다툼도 많았어요

나뭇잎을 따 먹어보렴.

서로 조금씩만 양보하렴

헤맨 까닭은 무엇일까요

내일 반상회가 있어요.

소리 내어 낱말을 읽고 천천히 써 봅시다.

볶음밥 볶음밥 볶음밥 볶음밥

달걀 달걀 달걀 달걀 달걀 달걀

지혜 지혜 지혜 지혜 지혜 지혜

초원 초원 초원 초원 초원 초원

옥신각신 옥신각신 옥신각신

다툼 다툼 다툼 다툼 다툼 다툼

머쓱하다 머쓱하다 머쓱하다

훌륭하다 훌륭하다 훌륭하다

칭찬 칭찬 칭찬 칭찬 칭찬 칭찬

마침표 마침표 마침표 마침표

소리 내어 낱말을 읽고 천천히 써 봅시다.

쉼표 쉼표 쉼표 쉼표 쉼표 쉼표

느낌표 느낌표 느낌표 느낌표

물음표 물음표 물음표 물음표

큰따옴표 큰따옴표 큰따옴표

매점 매점 매점 매점 매점 매점

예절 예절 예절 예절 예절 예절

딴생각 딴생각 딴생각 딴생각

숲속 숲속 숲속 숲속 숲속 숲속

반상회 반상회 반상회 반상회

맴돌다 맴돌다 맴돌다 맴돌다

소리 내어 문장을 읽고 천천히 다음 문장을 써 봅시다.

무럭무럭 자랄 테니까!

작디작은 콩 한 알

창밖으로 던져 버렸어요

꾹 밟아 놓았어요.

말씀하실 것 같아.

둥지를 틀고 고운 알을

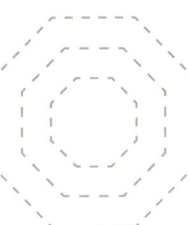

소리 내어 낱말을 읽고 천천히 써 봅시다.

| 말 | 풍 | 선 |

| 요 | 리 | 사 |

| 세 | 계 |

| 어 | 여 | 쁜 |

| 무 | 럭 | 무 | 럭 |

꿩 꿩 꿩 꿩 꿩 꿩 꿩 꿩 꿩 꿩 꿩

미 끼 미 끼 미 끼 미 끼 미 끼 미 끼

병 아 리 병 아 리 병 아 리 병 아 리

한 쌍 한 쌍 한 쌍 한 쌍 한 쌍 한 쌍

깜 짝 깜 짝 깜 짝 깜 짝 깜 짝 깜 짝

소리 내어 낱말을 읽고 천천히 써 봅시다.

| 함 | 박 | 웃 | 음 | 함 | 박 | 웃 | 음 | 함 | 박 | 웃 | 음 |

| 막 | 내 | 딸 | 막 | 내 | 딸 | 막 | 내 | 딸 | 막 | 내 | 딸 |

| 까 | 닭 | 까 | 닭 | 까 | 닭 | 까 | 닭 | 까 | 닭 | 까 | 닭 |

| 또 | 박 | 또 | 박 | 또 | 박 | 또 | 박 | 또 | 박 | 또 | 박 |

| 목 | 소 | 리 | 목 | 소 | 리 | 목 | 소 | 리 | 목 | 소 | 리 |

똑같다 똑같다 똑같다 똑같다

젓가락 젓가락 젓가락 젓가락

윷가락 윷가락 윷가락 윷가락

손뼉 손뼉 손뼉 손뼉 손뼉

노랫말 노랫말 노랫말 노랫말

소리 내어 문장을 읽고 천천히 다음 문장을 써 봅시다.

듣는 사람을 바라본다.

내 양말 두 짝이 있다

새알은 모두 새끼 새가

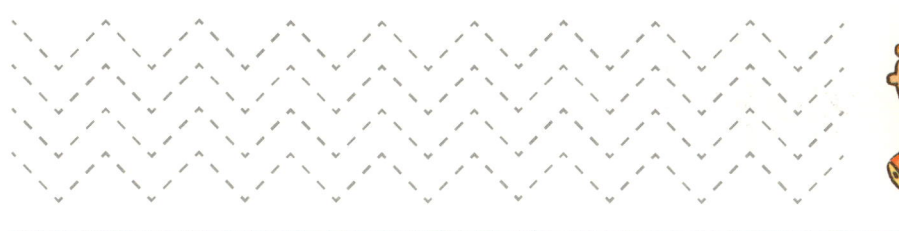

허리춤에 넣어 갈까?

고운 털이 날 테니

알맞은 크기의 목소리

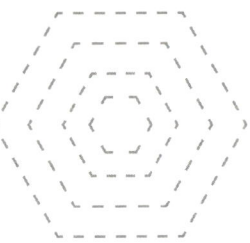

소리 내어 낱말을 읽고 천천히 써 봅시다.

장갑 장갑 장갑 장갑 장갑 장갑

짝꿍 짝꿍 짝꿍 짝꿍 짝꿍 짝꿍

꾀꼬리 꾀꼬리 꾀꼬리 꾀꼬리

안전띠 안전띠 안전띠 안전띠

좌우 좌우 좌우 좌우 좌우 좌우

교통안전 교통안전 교통안전

참새 참새 참새 참새 참새 참새

노랑나비 노랑나비 노랑나비

허리춤 허리춤 허리춤 허리춤

도련님 도련님 도련님 도련님

소리 내어 낱말을 읽고 천천히 써 봅시다.

둥지 둥지 둥지 둥지 둥지 둥지

설명 설명 설명 설명 설명 설명

양보 양보 양보 양보 양보 양보

박쥐 박쥐 박쥐 박쥐 박쥐 박쥐

달콤 달콤 달콤 달콤 달콤 달콤

| 뾰 족 | 뾰 족 | 뾰 족 | 뾰 족 | 뾰 족 | 뾰 족 |

| 오 순 도 순 | 오 순 도 순 | 오 순 도 순 |

| 표 정 | 표 정 | 표 정 | 표 정 | 표 정 | 표 정 |

| 기 분 | 기 분 | 기 분 | 기 분 | 기 분 | 기 분 |

| 기 쁨 | 기 쁨 | 기 쁨 | 기 쁨 | 기 쁨 | 기 쁨 |

소리 내어 문장을 읽고 천천히 다음 문장을 써 봅시다.

내가 먼저 갈 테야!

제가 꼭 양보할게요.

모자가 참 잘 어울린다

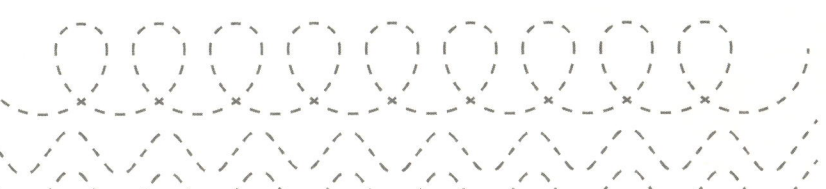

친구들아, 정말 반가워!

오순도순 나눠 먹었어.

잠깐 가지고 놀아도 돼

소리 내어 낱말을 읽고 천천히 써 봅시다.

| 슬픔 | 슬픔 | 슬픔 | 슬픔 | 슬픔 | 슬픔 |

| 착각 | 착각 | 착각 | 착각 | 착각 |

| 과일나무 | 과일나무 | 과일나무 |

| 바퀴 | 바퀴 | 바퀴 | 바퀴 | 바퀴 |

| 꼬리 | 꼬리 | 꼬리 | 꼬리 | 꼬리 |

다람쥐 다람쥐 다람쥐 다람쥐

농장 농장 농장 농장 농장 농장

하늘 하늘 하늘 하늘 하늘 하늘

도둑 도둑 도둑 도둑 도둑 도둑

퉤 퉤 퉤 퉤 퉤 퉤 퉤 퉤 퉤 퉤 퉤 퉤

소리 내어 낱말을 읽고 천천히 써 봅시다.

열매 열매 열매 열매 열매 열매

독서 독서 독서 독서 독서 독서

지우개 지우개 지우개 지우개

괜찮아 괜찮아 괜찮아 괜찮아

도토리 도토리 도토리 도토리

| 줄 | 무 | 늬 | 줄 | 무 | 늬 | 줄 | 무 | 늬 | 줄 | 무 | 늬 |

| 출 | 발 | 출 | 발 | 출 | 발 | 출 | 발 | 출 | 발 | 출 | 발 |

| 마 | 차 | 마 | 차 | 마 | 차 | 마 | 차 | 마 | 차 | 마 | 차 |

| 주 | 황 | 색 | 주 | 황 | 색 | 주 | 황 | 색 | 주 | 황 | 색 |

| 물 | 렁 | 물 | 렁 | 물 | 렁 | 물 | 렁 | 물 | 렁 | 물 | 렁 |

소리 내어 문장을 읽고 천천히 다음 문장을 써 봅시다.

새로 산 장난감인데!

우리 책 바꿔 읽자.

나 지금 숙제해야 해.

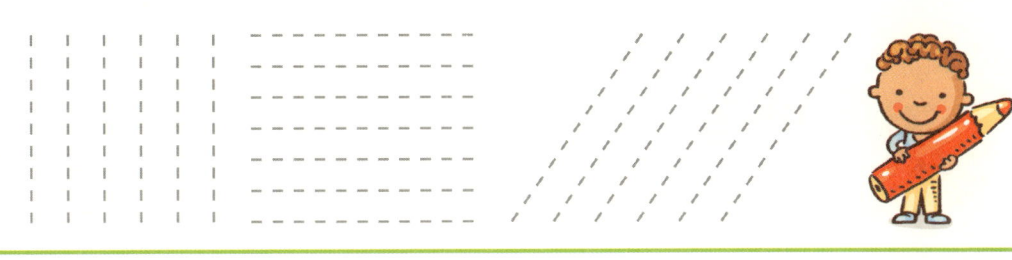

똑같이 생겨서 착각했어

약속 시간을 지켜 줘.

자, 편지가 왔단다.

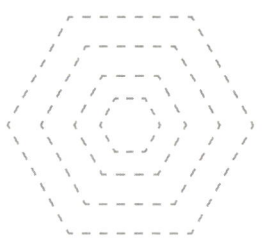
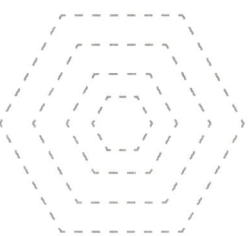

소리 내어 낱말을 읽고 천천히 써 봅시다.

맷돌 맷돌 맷돌 맷돌 맷돌 맷돌

임금님 임금님 임금님 임금님

마음씨 마음씨 마음씨 마음씨

궁궐 궁궐 궁궐 궁궐 궁궐 궁궐

의자 의자 의자 의자 의자 의자

의 자 의 자 의 자 의 자 의 자 의 자

전 화 전 화 전 화 전 화 전 화 전 화

멈 춰 라 멈 춰 라 멈 춰 라 멈 춰 라

기 우 뚱 기 우 뚱 기 우 뚱 기 우 뚱

옥 토 끼 옥 토 끼 옥 토 끼 옥 토 끼

소리 내어 낱말을 읽고 천천히 써 봅시다.

| 백성 | 백성 | 백성 | 백성 | 백성 | 백성 |

| 바닷물 | 바닷물 | 바닷물 | 바닷물 |

| 놀이공원 | 놀이공원 | 놀이공원 |

| 회전목마 | 회전목마 | 회전목마 |

| 오르락 | 오르락 | 오르락 | 오르락 |

| 내 | 리 | 락 | 내 | 리 | 락 | 내 | 리 | 락 | 내 | 리 | 락 |

| 솜 | 사 | 탕 | 솜 | 사 | 탕 | 솜 | 사 | 탕 | 솜 | 사 | 탕 |

| 소 | 방 | 관 | 소 | 방 | 관 | 소 | 방 | 관 | 소 | 방 | 관 |

| 급 | 식 | 급 | 식 | 급 | 식 | 급 | 식 | 급 | 식 | 급 | 식 |

| 건 | 강 | 건 | 강 | 건 | 강 | 건 | 강 | 건 | 강 | 건 | 강 |

소리 내어 문장을 읽고 천천히 다음 문장을 써 봅시다.

고운 말을 해 봅시다.

소금을 만드는 맷돌

무섭지 않고 재미있었다

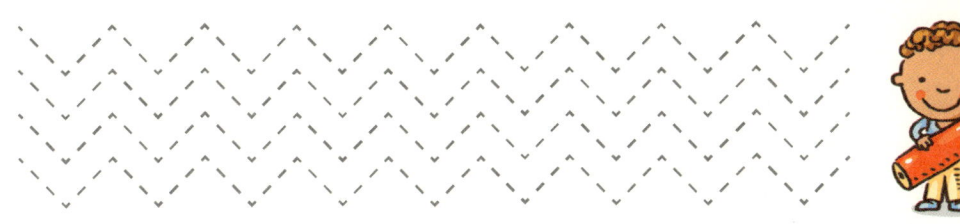

소방관 아저씨께서 학교

나빠질 수 있습니다.

급식을 먹을 때 음식만

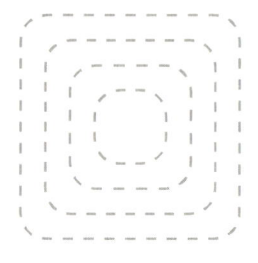
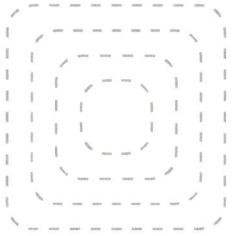

소리 내어 낱말을 읽고 천천히 써 봅시다.

| 문학 | 문학 | 문학 | 문학 | 문학 | 문학 |

| 역사 | 역사 | 역사 | 역사 | 역사 | 역사 |

| 소곤소곤 | 소곤소곤 | 소곤소곤 |

| 연주회장 | 연주회장 | 연주회장 |

| 동영상 | 동영상 | 동영상 | 동영상 |

무당벌레 무당벌레 무당벌레

추석 추석 추석 추석 추석 추석

명절 명절 명절 명절 명절 명절

막대 막대 막대 막대 막대 막대

무침 무침 무침 무침 무침 무침

 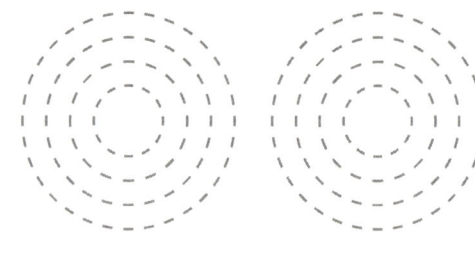

소리 내어 낱말을 읽고 천천히 써 봅시다.

| 친 | 척 | 친 | 척 | 친 | 척 | 친 | 척 | 친 | 척 | 친 | 척 |

| 고 | 향 | 고 | 향 | 고 | 향 | 고 | 향 | 고 | 향 | 고 | 향 |

| 도 | 란 | 도 | 란 | 도 | 란 | 도 | 란 | 도 | 란 | 도 | 란 |

| 햇 | 과 | 일 | 햇 | 과 | 일 | 햇 | 과 | 일 | 햇 | 과 | 일 |

| 햇 | 곡 | 식 | 햇 | 곡 | 식 | 햇 | 곡 | 식 | 햇 | 곡 | 식 |

| 차 | 레 | 상 | 차 | 레 | 상 | 차 | 레 | 상 | 차 | 레 | 상 |

| 개 | 미 | 개 | 미 | 개 | 미 | 개 | 미 | 개 | 미 | 개 | 미 |

| 이 | 사 | 이 | 사 | 이 | 사 | 이 | 사 | 이 | 사 | 이 | 사 |

| 민 | 속 | 놀 | 이 | 민 | 속 | 놀 | 이 | 민 | 속 | 놀 | 이 |

| 비 | 사 | 치 | 기 | 비 | 사 | 치 | 기 | 비 | 사 | 치 | 기 |

소리 내어 문장을 읽고 천천히 다음 문장을 써 봅시다.

의자를 조심히 옮깁니다

소곤소곤 말해야 합니다

작은 목소리로 말한다.

끝나면 손뼉을 칩니다.

오랜만에 만난 가족은

정확하게 알 수 있어.

소리 내어 낱말을 읽고 천천히 써 봅시다.

양말 양말 양말 양말 양말 양말

무지개 무지개 무지개 무지개

심장 심장 심장 심장 심장 심장

두근두근 두근두근 두근두근

돌멩이 돌멩이 돌멩이 돌멩이

땅바닥 땅바닥 땅바닥 땅바닥

발등 발등 발등 발등 발등 발등

무릎 무릎 무릎 무릎 무릎 무릎

학용품 학용품 학용품 학용품

생김새 생김새 생김새 생김새

소리 내어 낱말을 읽고 천천히 써 봅시다.

손잡이	손잡이

가위	가위

시금치	시금치

뿌리	뿌리

채소	채소

당근 당근 당근 당근 당근 당근

우엉 우엉 우엉 우엉 우엉 우엉

기침 감기 기침 감기 기침 감기

소화 소화 소화 소화 소화 소화

영양소 영양소 영양소 영양소

소리 내어 문장을 읽고 천천히 다음 문장을 써 봅시다.

어디로 가는 것일까?

새집으로 이사를 가나?

평평하고 잘 세워지는

손바닥만 한 돌멩이

이긴 편은 한 사람씩

올려 옮길 수도 있고,

 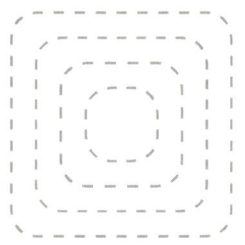 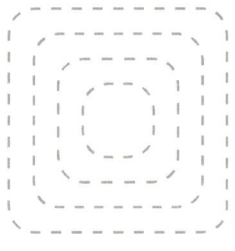

소리 내어 낱말을 읽고 천천히 써 봅시다.

공원 공원 공원 공원 공원 공원

변비 변비 변비 변비 변비 변비

조금씩 조금씩 조금씩 조금씩

색종이 색종이 색종이 색종이

단춧구멍 단춧구멍 단춧구멍

비둘기 비둘기 비둘기 비둘기

환경 환경 환경 환경 환경 환경

배설물 배설물 배설물 배설물

이삭 이삭 이삭 이삭 이삭 이삭

농부 농부 농부 농부 농부 농부

소리 내어 낱말을 읽고 천천히 써 봅시다.

입학 입학 입학 입학 입학 입학

도깨비 도깨비 도깨비 도깨비

로봇 로봇 로봇 로봇 로봇 로봇

변신 변신 변신 변신 변신 변신

가게놀이 가게놀이 가게놀이

불쌍하다 불쌍하다 불쌍하다

귀찮다 귀찮다 귀찮다 귀찮다

놀라다 놀라다 놀라다 놀라다

멋지다 멋지다 멋지다 멋지다

기쁘다 기쁘다 기쁘다 기쁘다

소리 내어 문장을 읽고 천천히 다음 문장을 써 봅시다.

잘 알 수 있었나요?

색깔은 여러 가지입니다

색이 섞인 것도 있다.

자를 때 가위를 사용

홈이 파인 곳도 있다.

몸을 튼튼하게 합니다.

소리 내어 낱말을 읽고 천천히 써 봅시다.

서점 서점 서점 서점 서점 서점

위로하다 위로하다 위로하다

별 별 별 별 별 별 별 별 별 별

얼음 얼음 얼음 얼음 얼음 얼음

만화 만화 만화 만화 만화 만화

| 썰 | 매 | 썰 | 매 | 썰 | 매 | 썰 | 매 | 썰 | 매 | 썰 | 매 |

| 뾰 | 족 | 뾰 | 족 | 뾰 | 족 | 뾰 | 족 | 뾰 | 족 | 뾰 | 족 |

| 북 | 슬 | 북 | 슬 | 북 | 슬 | 북 | 슬 | 북 | 슬 | 북 | 슬 |

| 쫑 | 긋 | 쫑 | 긋 | 쫑 | 긋 | 쫑 | 긋 | 쫑 | 긋 | 쫑 | 긋 |

| 길 | 쭉 | 길 | 쭉 | 길 | 쭉 | 길 | 쭉 | 길 | 쭉 | 길 | 쭉 |

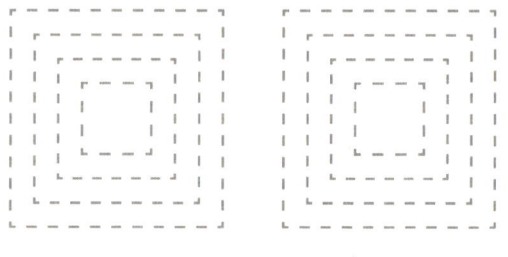

소리 내어 낱말을 읽고 천천히 써 봅시다.

들판 들판 들판 들판 들판 들판

사각사각 사각사각 사각사각

스륵스륵 스륵스륵 스륵스륵

조물조물 조물조물 조물조물

재봉사 재봉사 재봉사 재봉사

오징어 오징어 오징어 오징어

깡충깡충 깡충깡충 깡충깡충

몸짓 몸짓 몸짓 몸짓 몸짓 몸짓

곤충 곤충 곤충 곤충 곤충 곤충

대화 대화 대화 대화 대화 대화

 소리 내어 문장을 읽고 천천히 다음 문장을 써 봅시다.

감기를 낫게 합니다.

단추가 단춧구멍으로

심장이 두근거리는 순간

물을 대고 벼를 심다.

벼는 물속에서 뿌리를

개를 데리고 오시려면

소리 내어 낱말을 읽고 천천히 써 봅시다.

| 밀가루 | 밀가루 | 밀가루 | 밀가루 |

| 반죽 | 반죽 | 반죽 | 반죽 | 반죽 |

| 비누 | 비누 | 비누 | 비누 | 비누 |

| 사냥꾼 | 사냥꾼 | 사냥꾼 | 사냥꾼 |

| 체육 | 체육 | 체육 | 체육 | 체육 |

항아리 항아리 항아리 항아리

시간 시간 시간 시간 시간 시간

힘내 힘내 힘내 힘내 힘내 힘내

기회 기회 기회 기회 기회 기회

실망 실망 실망 실망 실망 실망

 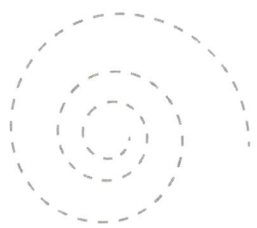 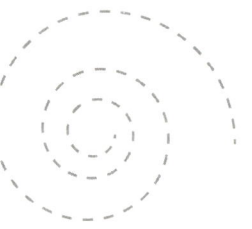 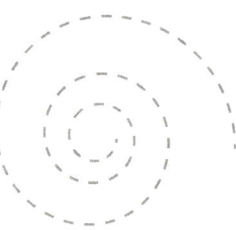

소리 내어 낱말을 읽고 천천히 써 봅시다.

가엾다 가엾다 가엾다 가엾다

나뭇짐 나뭇짐 나뭇짐 나뭇짐

두꺼비 두꺼비 두꺼비 두꺼비

아프다 아프다 아프다 아프다

열심히 열심히 열심히 열심히

달리다 달리다 달리다 달리다

깨지다 깨지다 깨지다 깨지다

제비 제비 제비 제비 제비 제비

사슴 사슴 사슴 사슴 사슴 사슴

살리다 살리다 살리다 살리다

소리 내어 문장을 읽고 천천히 다음 문장을 써 봅시다.

좋은 물건이 팔릴 때

자신의 생각이나 느낌

아무 말도 하지 않았다

아빠와 함께 서점에

내가 읽고 싶었던 책

더 자주 가고 싶다.

다음 이야기를 소리 내어 읽고
천천히 써 봅시다.

인물의 말과 행동을 상상하며 이야기를 즐겨 봅시다.

별을 모두 삼키고 사라진 괴물은 어떤 모습을 하고 있을까요?

다음 이야기를 소리 내어 읽고 천천히 써 봅시다.

　얼음판 위에서 미끄러져 넘어지는 모습이 재미있었어.

숲속에서 동물들이 어떻게 춤을 출지 몸짓으로 표현해 보세요.

숲속에서 동물들이 어떻게 춤을 출지 몸짓으로 표현해 보세요.

다음 이야기를 소리 내어 읽고 천천히 써 봅시다.

문장 카드에 있는 말을 친구들 앞에서 실감 나게 읽는다.

문장 카드에 있는 말을 친구들 앞에서 실감 나게 읽는다.

미안하지만 나 지금 숙제해야 해. 다음에 같이 놀자.

다음 이야기를 소리 내어 읽고
천천히 써 봅시다.

엄마가 사주신 내 장난감을 친구가 망가뜨렸어요. 많이 속상했어요.

나도 주인공이 어떻게 될지 궁금해. 다 읽고 나서 서로 바꿔 읽자.

다음 이야기를 소리 내어 읽고
천천히 써 봅시다.

괜찮아. 오늘은 늦었지만 다음에는 약속 시간을 꼭 지켜줘.

지우개가 없어져서 잃어버린 줄 알았는데 찾아서 다행이다.

다음 이야기를 소리 내어 읽고
천천히 써 봅시다.

연주회장에서는 연주
중에는 사진이나 동영상
을 찍지 않습니다.

이긴 편은 한 사람씩
나와 자신의 돌을 가지
고 상대의 돌을 넘어뜨
립니다.

다음 이야기를 소리 내어 읽고 천천히 써 봅시다.

무는 기침감기를 낫게 합니다. 고구마는 소화가 잘됩니다. 또 당근에는 눈에 좋은 영양소가 매우 많습니다.

봄이 되면 농부들은 논에 물을 대고 벼를 심습니다. 벼는 물속에서 뿌리를 내립니다.

다음 이야기를 소리 내어 읽고
천천히 써 봅시다.

음악 시간에 친구들과
선생님 앞에서 노래를
불렀습니다.

언제 어디에서 누구와 어떤 일을 했는지 드러나야 할 것 같아.

다음 이야기를 소리 내어 읽고 천천히 써 봅시다.

아빠와 함께 서점에 갔다. 여러 가지 책이 많아서 참 신기했다.

내가 읽고 싶었던 책을 찾아서 반가웠다. 앞으로 서점에 더 자주 가고 싶다.

다음 이야기를 소리 내어 읽고
천천히 써 봅시다.

별을 모두 삼키고 사라진 괴물은 어떤 모습을 하고 있을까요?

　수달 아저씨가 썰매를 밀어 주는 장면을 보고 아빠와 썰매를 탔던 기억이 났어요.

한자한자 예쁘게
또박또박 바르게
바른 글씨
바른 마음씨